The Whisper Of The Sea: Bilingual Spanish-English Short Stories for Spanish Language Learners

Pomme Bilingual

Published by Pomme Bilingual, 2024.

While every precaution has been taken in the preparation of this book, the publisher assumes no responsibility for errors or omissions, or for damages resulting from the use of the information contained herein.

THE WHISPER OF THE SEA: BILINGUAL SPANISH-ENGLISH SHORT STORIES FOR SPANISH LANGUAGE LEARNERS

First edition. August 17, 2024.

ISBN: 979-8227013514

Written by Pomme Bilingual.

Table of Contents

El Susurro del Mar 1

The Whisper of the Sea...5

El Último Crepúsculo en Playa Blanca.......................9

The Last Twilight at Playa Blanca.............................. 15

La Última Taza de Café en el Café del Río 19

The Last Cup Of Coffee at the Riverside Café.......... 23

El Otoño de la Última Cosecha.................................. 27

The Autumn of the Last Harvest................................ 33

El Último Baile de Valeria.. 39

Valeria's Last Dance 45

El Peso del Silencio 49

The Weight of Silence 55

El Susurro del Mar

En la pequeña aldea costera de San Bartolomé, el sol moría lentamente en el horizonte, tiñendo el cielo de tonos rojos y dorados. Era una tarde cálida y tranquila, pero el aire estaba cargado de una tensión invisible. El mar, calmado en apariencia, escondía bajo su superficie un mundo agitado y misterioso, tan insondable como el corazón de los hombres.

Don Alejandro, un viejo marinero de rostro curtido por el sol y las tormentas, se sentó en el muelle de madera, con la mirada perdida en el horizonte. Su barca, vieja y cansada, reposaba a su lado, amarrada con cuerdas que alguna vez fueron fuertes pero que ahora mostraban signos de deshilachamiento. El viento arrastraba el aroma salino y la sensación de salvedad que sólo el mar podía ofrecer.

Alejandro había vivido toda su vida en la aldea, y su nombre estaba tan entrelazado con el mar como las redes de pesca que solía lanzar. La gente del pueblo decía que conocía el mar como conocía su propia piel, y aunque él nunca habló mucho, siempre había algo en su presencia que imponía respeto. Se rumoreaba que el mar le debía algo, un secreto tal vez, o una deuda antigua.

Esa tarde, la aldea estaba sumida en un silencio inusual. Los niños jugaban cerca de la playa, sus risas ocasionales sonaban como ecos lejanos en el vasto paisaje. Las mujeres estaban en sus casas, preparándose para la cena, mientras los hombres discutían sobre los eventos de la jornada. Sin embargo, Alejandro permanecía inmóvil, su mirada fija en un punto donde el cielo se encontraba con el mar, como si esperara un señal, un indicio de que algo importante estaba por suceder.

Finalmente, se levantó y se dirigió hacia su barca, sus movimientos eran lentos pero decididos. El tiempo no había sido amable con él, pero su determinación era inquebrantable. Con una habilidad que solo los años pueden otorgar, comenzó a deshacer los nudos que aseguraban la barca. El agua, tranquila en la orilla, parecía esperar pacientemente su partida.

No había nadie en el muelle que se atreviera a interrumpirlo. La gente del pueblo había aprendido a respetar el silencio de Alejandro, un silencio que hablaba de historias no contadas y secretos guardados bajo las olas. Con una última mirada a la orilla, se subió a la barca y comenzó a remar hacia el mar abierto.

La noche se cerró rápidamente sobre el mar, y las estrellas comenzaron a brillar en el cielo oscuro. El sonido de las olas rompiendo contra el casco de la barca era el único acompañamiento de Alejandro. Remó con fuerza, no con desesperación, sino con una calma que parecía contener una resolución profunda.

El mar, a medida que se adentraba en la oscuridad, parecía transformarse. Los sonidos se volvían más distantes, como si el mundo entero se estuviera desvaneciendo en un profundo silencio. Alejandro seguía adelante, su rostro iluminado sólo por la luz tenue de las estrellas.

A medianoche, cuando la luna estaba en su punto más alto, Alejandro detuvo la barca y echó el ancla. Se quedó allí, en medio de la inmensidad, mirando el mar con una intensidad que parecía casi sobrenatural. No había una razón aparente para su viaje, salvo la ineludible necesidad de estar allí, en ese lugar exacto.

De repente, algo en el agua captó su atención. Una serie de burbujas comenzaron a formarse cerca de la barca, y Alejandro sintió que el mar estaba hablando, susurrando historias de tiempos antiguos. Con el corazón latiendo con fuerza, se inclinó hacia el borde de la barca, tratando de discernir lo que estaba ocurriendo bajo la superficie.

Una figura emergió lentamente del agua, una silueta que parecía estar hecha de los mismos elementos que el mar. Alejandro la observó sin moverse, su mente luchando por comprender lo que estaba viendo. La figura era una mujer, pero no una mujer cualquiera. Su piel parecía tener el brillo de la luna, y su cabello flotaba en el agua como algas marinas.

Ella le miró con ojos que reflejaban la profundidad del océano, y sin decir una palabra, se acercó a él. Alejandro sintió una mezcla de temor y admiración. Había escuchado historias sobre las sirenas, pero nunca había creído en ellas. Sin embargo, allí estaba ella, y su presencia era tan real como el mismo mar.

La mujer levantó una mano y le ofreció un objeto pequeño, brillante. Era una concha, de un color azul profundo que parecía capturar la luz de las estrellas. Alejandro la tomó con cuidado, sintiendo su frialdad en sus manos. La mujer le sonrió con una tristeza que parecía tan antigua como el tiempo mismo.

Sin un gesto adicional, ella se sumergió en el agua, desapareciendo en la oscuridad. Alejandro se quedó allí, con la concha en la mano, mientras el silencio del mar lo envolvía. Sabía que había experimentado algo que pocos en la aldea podrían comprender.

Al amanecer, Alejandro regresó a la orilla. La gente del pueblo lo miró con curiosidad, pero él no dijo una sola palabra sobre lo que había visto. La concha la guardó en un lugar especial, como un recordatorio de aquella noche y del misterioso encuentro con la mujer del mar.

Los años pasaron, y Alejandro continuó con su vida, pero la concha se convirtió en un símbolo de su experiencia, un testimonio de que el mar, a pesar de su apariencia tranquila, siempre guardaba secretos profundos. Y aunque nunca volvió a ver a la mujer, su presencia seguía siendo un susurro en el viento y un misterio en el corazón del viejo marinero.

The Whisper of the Sea

In the small coastal village of San Bartolomé, the sun was slowly dying on the horizon, painting the sky in shades of red and gold. It was a warm, quiet afternoon, but the air was laden with an invisible tension. The sea, calm in appearance, concealed beneath its surface a world as tumultuous and mysterious as the hearts of men.

Don Alejandro, an old sailor with a face weathered by sun and storms, sat on the wooden dock, his gaze lost in the distance. His boat, old and weary, rested beside him, tethered with ropes that once were strong but now showed signs of fraying. The wind carried the salty scent and the sense of salvation that only the sea could offer.

Alejandro had lived his entire life in the village, and his name was as intertwined with the sea as the fishing nets he once cast. The townsfolk said he knew the sea like he knew his own skin, and though he never spoke much, there was always something in his presence that commanded respect. It was rumored that the sea owed him something, perhaps a secret or an ancient debt.

That afternoon, the village was enveloped in an unusual silence. The children played near the shore, their occasional laughter sounding like distant echoes in the vast landscape. The women were in their homes, preparing dinner, while the men discussed the events of the day. However, Alejandro remained still, his gaze fixed on a point where the sky met the sea, as if waiting for a sign, an indication that something significant was about to happen.

Finally, he rose and made his way to his boat, his movements slow but determined. Time had not been kind to him, but his resolve was unshakeable. With a skill that only years could bestow, he began to untie the knots securing the boat. The water, calm at the shore, seemed to wait patiently for his departure.

No one on the dock dared to interrupt him. The people of the village had learned to respect Alejandro's silence, a silence that spoke of untold stories and secrets kept beneath the waves. With one last glance at the shore, he climbed into the boat and began to row out to sea.

Night fell swiftly over the water, and the stars began to shine in the dark sky. The sound of the waves breaking against the boat's hull was Alejandro's only companion. He rowed with strength, not desperation, but with a calm that seemed to hold a profound resolution.

The sea, as he ventured further into the darkness, seemed to transform. The sounds became more distant, as if the whole world was fading into a deep silence. Alejandro continued onward, his face illuminated only by the dim light of the stars.

At midnight, when the moon was at its highest, Alejandro stopped the boat and dropped the anchor. He remained there, in the vastness, staring at the sea with an intensity that seemed almost supernatural. There was no apparent reason for his voyage, except the inescapable need to be there, at that exact spot.

Suddenly, something in the water caught his attention. A series of bubbles began to form near the boat, and Alejandro felt the sea was speaking, whispering tales of ancient times. With his heart beating strongly, he leaned over the edge of the boat, trying to discern what was happening beneath the surface.

A figure slowly emerged from the water, a silhouette that seemed to be made of the same elements as the sea. Alejandro watched without moving, his mind struggling to comprehend what he was seeing. The figure was a woman, but not just any woman. Her skin seemed to have the glow of the moon, and her hair floated in the water like seaweed.

She looked at him with eyes that reflected the depth of the ocean, and without speaking a word, approached him. Alejandro felt a mix of fear and awe. He had heard stories about mermaids but had never believed in them. Yet, there she was, and her presence was as real as the sea itself.

The woman raised a hand and offered him a small, shimmering object. It was a shell, of a deep blue color that seemed to capture the light of the stars. Alejandro took it carefully, feeling its coldness in his hands. The woman smiled at him with a sadness that seemed as old as time itself.

Without any further gesture, she submerged into the water, disappearing into the darkness. Alejandro remained there, with the shell in hand, as the silence of the sea enveloped him. He knew he had experienced something that few in the village could understand.

At dawn, Alejandro returned to the shore. The townsfolk watched him with curiosity, but he said not a word about what he had seen. He kept the shell in a special place, as a reminder of that night and the mysterious encounter with the woman of the sea.

Years passed, and Alejandro continued with his life, but the shell became a symbol of his experience, a testament to the fact that the sea, despite its tranquil appearance, always held deep secrets. And although he never saw the woman again, her presence remained a whisper in the wind and a mystery in the heart of the old sailor.

El Último Crepúsculo en Playa Blanca

En la costa de Playa Blanca, el sol se oculta detrás del horizonte de manera lenta, como un anciano cansado que se retira a su lecho. La playa, con su arena blanca y sus olas suaves, parece estar atrapada en un tiempo eterno. Cada día es una repetición de la anterior, un ciclo interminable de calma y rutina. Mario, el viejo pescador, conocía bien este ritmo. Durante años, había visto el mismo sol desaparecer, y cada vez, se aferraba a su rutina con una terquedad silenciosa.

Mario vivía en una pequeña cabaña de madera en el borde de la playa. La cabaña estaba construida con madera que el mar había dejado en la orilla, y su techo era una capa de palma tejida a mano. Dentro, el mobiliario era escaso: una cama de hierro forjado, una mesa de madera con sillas desgastadas y una estufa que Mario encendía en las noches frías. En las paredes colgaban fotos en blanco y negro de barcos antiguos y pescadores de tiempos pasados, recordándole que su vida era parte de una tradición más grande, pero también una burbuja de tiempo detenido.

Cada mañana, Mario salía al amanecer para pescar. Su bote, un simple esquife de madera, estaba anclado cerca de su casa, y él lo empujaba al agua con la misma rutina diaria. No necesitaba más que una red y un par de cañas para enfrentar el mar. Sabía que el mar era generoso, pero también podía ser cruel. Había aprendido a leer las señales, a interpretar el comportamiento de las olas y el color del cielo. Era una habilidad que solo los años podían enseñar.

Una tarde, mientras el sol comenzaba a inclinarse hacia el horizonte, Mario decidió que sería un buen momento para hacer una última pesca. El día había sido tranquilo, sin demasiada pesca, pero eso no le preocupaba. A veces, el mar simplemente no estaba dispuesto a ofrecer mucho. Mientras remaba hacia el lugar donde siempre pescaba, notó que el cielo se estaba volviendo más brillante de lo habitual, como si el crepúsculo estuviera preparando una despedida especial.

El lugar donde Mario solía pescar era una pequeña bahía, rodeada por acantilados que se alzaban como guardianes silenciosos del mar. La entrada a la bahía era angosta, y el agua allí era más tranquila, como si el mar guardara su calma para este rincón especial. Mario lanzó su red al agua y se sentó a esperar. La calma del lugar era profunda, y el único sonido era el suave golpeteo de las olas contra el casco de su bote.

Mientras esperaba, Mario vio algo en la arena de la playa, justo al borde del agua. Parecía un objeto brillante, y el sol reflejaba una luz dorada sobre él. El viejo pescador decidió que, antes de regresar, se acercaría a investigar. Con un esfuerzo, remó hacia la orilla y acercó su bote a la arena.

El objeto resultó ser una pequeña caja de madera, adornada con intrincados tallados que representaban escenas del mar: peces, olas y barcos. La caja estaba semi-enterrada en la arena, y Mario la sacó con cuidado. Al abrirla, encontró dentro una serie de cartas y un viejo mapa. Las cartas estaban escritas en un lenguaje que Mario no entendía, pero el mapa estaba claramente marcado con una serie de puntos y una X en un lugar que parecía estar en el mar abierto.

Mario sintió una mezcla de curiosidad y preocupación. ¿Quién podría haber dejado esto aquí? ¿Qué significado tenía el mapa? Decidió llevarlo de vuelta a su cabaña y examinarlo con más detalle.

La noche llegó rápidamente, y Mario, sentado en la penumbra de su cabaña, estudió el mapa. Era evidente que el mapa no era moderno; estaba hecho de un pergamino antiguo y las marcas eran difusas, como si el tiempo hubiera borrado parte de su claridad. Sin embargo, podía ver que el lugar marcado con la X estaba cerca de la costa de Playa Blanca, pero no en un lugar que él conociera.

Mario pasó horas contemplando el mapa y las cartas. La curiosidad lo mantenía despierto, y no podía sacarse de la cabeza la idea de que había algo importante escondido en el mar. La posibilidad de un tesoro, aunque improbable, era tentadora. Sin embargo, también había algo inquietante en todo esto, como si el mapa estuviera advirtiéndole sobre algo que no debía ser perturbado.

Al amanecer, Mario decidió que debía investigar el lugar marcado en el mapa. Preparó su bote, recogió las provisiones necesarias y se dirigió al mar. La mañana estaba despejada y el cielo tenía un tono dorado que presagiaba un buen día para navegar. El mar estaba en calma, y el viaje hacia el lugar marcado en el mapa fue tranquilo.

Cuando llegó al lugar señalado, Mario encontró que el área era más profunda y la corriente más fuerte de lo que había anticipado. Se preparó para bucear, llevando consigo una linterna y una cuerda. La idea era sumergirse, explorar la zona y ver si encontraba algo de valor.

La inmersión en el agua fría del mar fue revitalizante, pero también algo inquietante. El océano bajo el agua era un mundo diferente, lleno de sombras y formas que parecían moverse con vida propia. Mario nadó hacia el lugar marcado en el mapa, siguiendo una serie de formaciones rocosas que parecían coincidir con las que aparecían en el mapa.

Finalmente, encontró algo. En el fondo del mar, parcialmente cubierto por arena y algas, había una estructura que parecía ser una antigua cabaña de madera sumergida. Mario se acercó con cautela y examinó la estructura. Era evidente que había estado allí durante mucho tiempo, y el agua y la arena habían hecho su trabajo en desintegrarla lentamente.

Dentro de la estructura, Mario encontró una serie de objetos: más cajas de madera, algunas más pequeñas que la que había encontrado en la playa, y varios artefactos que parecían antiguos. Entre ellos, había una caja en particular que parecía intacta. Mario la sacó con cuidado y la llevó de regreso a la superficie.

De vuelta en su bote, Mario abrió la caja. Dentro había una serie de joyas y monedas de oro, junto con una nota escrita en el mismo lenguaje que las cartas que había encontrado en la playa. La nota, al ser traducida, revelaba la historia de un marinero que había escondido su tesoro en ese lugar antes de morir en un naufragio.

La historia contaba cómo el marinero había sido traicionado por su tripulación y había escondido su tesoro en Playa Blanca para protegerlo. La nota estaba firmada con el nombre de un viejo conocido de Mario, un marinero que había desaparecido hace muchos años. La revelación dejó a Mario con una mezcla de asombro y tristeza.

Mario decidió que el tesoro debía permanecer en su lugar. Era evidente que el marinero había querido que su tesoro fuera descubierto solo cuando alguien digno lo encontrara. Mario dejó los objetos en su lugar, asegurando que la estructura quedara tal como estaba, y se dirigió de regreso a la playa.

Cuando regresó a su cabaña, el sol ya estaba en el horizonte, y el cielo estaba teñido de colores anaranjados y rosados. Mario miró el mar con una nueva perspectiva. Había vivido una experiencia extraordinaria, pero también había aprendido una lección valiosa sobre el respeto y la preservación de la historia y el legado.

La noche llegó, y Mario se sentó en la playa, observando el último crepúsculo de Playa Blanca. Las olas rompían suavemente en la orilla, y el cielo se oscurecía lentamente. Mario se dio cuenta de que su vida había cambiado, pero en el fondo, el mar seguía siendo el mismo, implacable y misterioso.

Las historias del pasado y el presente estaban entrelazadas en la arena y el agua, y el tesoro, aunque encontrado, seguía siendo parte del misterio de Playa Blanca. Mario comprendió que, a veces, la verdadera riqueza no está en lo que se encuentra, sino en la experiencia misma de la búsqueda y el respeto por el legado que uno deja atrás.

The Last Twilight at Playa Blanca

On the coast of Playa Blanca, the sun sets behind the horizon slowly, like a weary old man retiring to his bed. The beach, with its white sand and gentle waves, seems to be trapped in an eternal moment. Each day is a repetition of the previous one, an endless cycle of calm and routine. Mario, the old fisherman, knew this rhythm well. For years, he had watched the same sun disappear, and each time, he clung to his routine with silent stubbornness.

Mario lived in a small wooden cabin at the edge of the beach. The cabin was built from wood left by the sea, and its roof was a layer of palm woven by hand. Inside, the furniture was sparse: a wrought-iron bed, a wooden table with worn chairs, and a stove that Mario lit on cold nights. On the walls hung black-and-white photographs of old boats and fishermen from past times, reminding him that his life was part of a larger tradition, yet also a bubble of suspended time.

Every morning, Mario set out at dawn to fish. His boat, a simple wooden skiff, was moored near his house, and he pushed it into the water with the same daily routine. He needed nothing more than a net and a couple of rods to face the sea. He knew the sea was generous but could also be cruel. He had learned to read the signs, to interpret the behavior of the waves and the color of the sky. It was a skill that only years could teach.

One afternoon, as the sun began to lean toward the horizon, Mario decided it would be a good time for one last catch. The day had been calm, with little fishing, but that didn't worry him. Sometimes, the sea simply wasn't inclined to offer much. As he rowed to the place where he always fished, he noticed that the sky was turning brighter than usual, as if the twilight was preparing for a special farewell.

The place where Mario usually fished was a small bay, surrounded by cliffs that stood like silent guardians of the sea. The entrance to the bay was narrow, and the water there was calmer, as if the sea kept its tranquility for this special corner. Mario cast his net into the water and sat to wait. The calm of the place was profound, and the only sound was the gentle lapping of the waves against his boat.

While waiting, Mario saw something in the sand, right at the edge of the water. It looked like a shiny object, and the sun reflected a golden light on it. The old fisherman decided that, before returning, he would go investigate. With effort, he rowed towards the shore and brought his boat close to the sand.

The object turned out to be a small wooden box, adorned with intricate carvings depicting scenes of the sea: fish, waves, and boats. The box was partially buried in the sand, and Mario carefully dug it out. Inside, he found a series of letters and an old map. The letters were written in a language Mario did not understand, but the map was clearly marked with a series of points and an X in a place that seemed to be out in the open sea.

Mario felt a mixture of curiosity and concern. Who could have left this here? What did the map signify? He decided to take it back to his cabin and examine it more closely.

Nightfall came quickly, and Mario, sitting in the dim light of his cabin, studied the map. It was evident that the map was not modern; it was made of old parchment and the markings were blurred, as if time had erased part of its clarity. However, he could see that the X-marked place was near the coast of Playa Blanca, but not in a place he recognized.

Mario spent hours contemplating the map and the letters. Curiosity kept him awake, and he couldn't shake the idea that there was something important hidden in the sea. The possibility of treasure, though unlikely, was tempting. However, there was also something unsettling about it, as if the map were warning him of something that should not be disturbed.

At dawn, Mario decided he must investigate the location marked on the map. He prepared his boat, gathered the necessary supplies, and headed out to sea. The morning was clear, and the sky had a golden hue that promised a good day for sailing. The sea was calm, and the journey to the marked location was peaceful.

When he arrived at the marked spot, Mario found that the area was deeper and the current stronger than he had anticipated. He prepared to dive, taking a lantern and a rope with him. The idea was to dive, explore the area, and see if he found anything of value.

The immersion in the cold sea water was invigorating but also somewhat unsettling. The ocean beneath the water was a different world, full of shadows and shapes that seemed to move with a life of their own. Mario swam toward the location marked on the map, following a series of rock formations that seemed to match those on the map.

Eventually, he found something. At the bottom of the sea, partially covered by sand and seaweed, was a structure that appeared to be an old wooden cabin submerged. Mario approached it cautiously and examined the structure. It was evident that it had been there for a long time, and the water and sand had done their work in slowly disintegrating it.

Inside the structure, Mario found a series of objects: more wooden boxes, some smaller than the one he had found on the beach, and several artifacts that seemed ancient. Among them was a box in particular that seemed intact. Mario carefully removed it and brought it back to the surface.

Back on his boat, Mario opened the box. Inside, there were a series of jewels and gold coins, along with a note written in the same language as the letters found on the beach. The note, when translated, revealed the story of a sailor who had hidden his treasure in that location before dying in a shipwreck.

The story detailed how the sailor had been betrayed by his crew and had hidden his treasure in Playa Blanca to protect it. The note was signed with the name of an old acquaintance of Mario, a sailor who had disappeared many years ago. The revelation left Mario with a mix of astonishment and sadness.

Mario decided that the treasure should remain in its place. It was clear that the sailor had wanted his treasure to be discovered only by someone worthy. Mario left the objects where he had found them, ensuring that the structure remained as it was, and headed back to the beach.

When he returned to his cabin, the sun was already on the horizon, and the sky was painted with orange and pink hues. Mario looked out at the sea with a new perspective. He had lived an extraordinary experience, but he also understood a valuable lesson about respect and preservation of history and legacy.

Night fell, and Mario sat on the beach, watching the last twilight of Playa Blanca. The waves gently broke on the shore, and the sky darkened slowly. Mario realized that his life had changed, but deep down, the sea remained the same, relentless and mysterious.

The stories of the past and present were intertwined in the sand and the water, and the treasure, although found, remained part of the mystery of Playa Blanca. Mario understood that sometimes, the true wealth is not in what is discovered, but in the experience of the search and the respect for the legacy one leaves behind.

La Última Taza de Café en el Café del Río

El Café del Río era un lugar pequeño y apartado, ubicado a las afueras de un pueblo que ya no aparecía en los mapas. La gente solía decir que el café tenía un sabor único, como si cada taza contara una historia del río que pasaba cerca, cuyas aguas corrían lentas y tranquilas. Las paredes del café estaban adornadas con fotos en sepia de tiempos antiguos y mapas gastados de la región. El ambiente era rústico, con mesas de madera crujiente y sillas tapizadas en tela a rayas que habían visto mejores días.

El dueño, Don Ernesto, era un hombre de edad avanzada con el cabello encanecido y una barba que parecía más un símbolo de sabiduría que una mera característica física. Cada mañana, antes de que el sol se alzara, Don Ernesto preparaba el café con un cuidado ritual. Usaba granos de café que él mismo tostaba y molía, y su método de preparación era meticuloso, casi ceremonioso. No era solo un café; era una tradición.

Una mañana de invierno, cuando el frío se colaba a través de las rendijas de las ventanas y el humo de las tazas de café se mezclaba con el vapor del río, un hombre de mediana edad entró al Café del Río. Su nombre era Miguel, y había llegado en una vieja camioneta que había visto mejores tiempos. Miguel era un hombre de pocas palabras, con un aire de melancolía que parecía acompañarlo en cada paso. Había venido al pueblo en busca de algo, aunque no sabía exactamente qué.

Miguel se sentó en una de las mesas junto a la ventana, desde donde podía ver el río y las pocas casas dispersas a lo lejos. Don Ernesto lo observó desde el mostrador con curiosidad, pero no dijo nada. Sabía que los visitantes del Café del Río a menudo traían sus propias historias, y cada taza de café era un acompañamiento a las confidencias que se compartían en ese pequeño rincón del mundo.

Don Ernesto preparó una taza de café y la sirvió con la misma precisión que siempre. Se acercó a la mesa de Miguel y le dejó la taza, sin pronunciar una palabra. Miguel miró la taza, su superficie aún humeante, y tomó un sorbo. El sabor era robusto y terroso, con una profundidad que solo se podía lograr con años de práctica.

"Este café," dijo Miguel después de un momento, "tiene algo especial."

Don Ernesto asintió lentamente, como si esperara esa observación. "Este café ha sido parte de muchas vidas," dijo. "Y cada taza cuenta una historia."

Miguel asintió, pero no estaba seguro de qué decir. Miró por la ventana hacia el río, que se movía lentamente, reflejando el cielo gris. El día era sombrío, y el frío se había instalado en el aire. Miguel había venido al pueblo con la esperanza de encontrar respuestas, pero hasta ese momento, todo parecía tan inmutable como el río.

Don Ernesto, al ver que Miguel parecía perdido en sus pensamientos, decidió que tal vez era el momento de compartir una historia. "Hubo una vez un hombre que solía venir aquí," comenzó Don Ernesto. "Se llamaba Carlos. Era un escritor, y pasaba horas en este café, escribiendo y tomando café."

Miguel lo miró con interés. "¿Y qué pasó con él?"

Don Ernesto suspiró. "Carlos tenía una vida complicada. Había tenido éxito, pero también había sufrido mucho. Venía aquí para encontrar paz. Decía que este café le ayudaba a ordenar sus pensamientos. Un día, simplemente desapareció. Nadie supo adónde fue. Solo dejó una carta detrás, agradeciendo por el café y diciendo que había encontrado la paz."

Miguel pensó en la historia mientras bebía su café. La calidez de la bebida le daba una sensación de confort, y el aroma era a la vez familiar y reconfortante. El café del Café del Río parecía tener una calidad que no se encontraba en ningún otro lugar.

"¿Nunca supiste qué pasó con Carlos?" preguntó Miguel.

Don Ernesto sacudió la cabeza. "No, nunca supe. La carta decía que él estaba buscando algo que no podía encontrar aquí. Quizás era algo que tenía que encontrar dentro de sí mismo."

Miguel se quedó en silencio, sumido en sus pensamientos. El café le parecía un símbolo de algo más grande, algo que él también estaba buscando. Había llegado al pueblo en busca de respuestas, y ahora, sentado en el Café del Río, con una taza de café en la mano, sentía que tal vez estaba en el lugar correcto, aunque no sabía por qué.

El día avanzaba lentamente, y el sol comenzaba a ocultarse detrás de las nubes. El Café del Río, con sus paredes antiguas y el suave murmullo del río, parecía ser un refugio en medio de la confusión del mundo exterior. Miguel seguía bebiendo su café, sintiendo cómo el calor de la bebida se extendía por su cuerpo, trayendo una sensación de paz.

Don Ernesto, viendo que Miguel parecía más relajado, decidió que era momento de hacer una última entrega. Se acercó a la mesa y le entregó a Miguel un pequeño paquete envuelto en papel kraft. "Este es un regalo," dijo con una sonrisa. "Es un poco de café de la cosecha más reciente. Quizás te ayude en tu búsqueda."

Miguel miró el paquete con sorpresa. "Gracias," dijo. "No sé qué buscar, pero aprecio el gesto."

Don Ernesto asintió y se retiró a su mostrador. Miguel tomó el paquete y lo guardó en su mochila. Sabía que el café era más que una bebida; era un vínculo con algo más profundo, un símbolo de la búsqueda personal que todos enfrentamos.

Mientras el sol se escondía y la luz en el café comenzaba a atenuarse, Miguel se levantó de la mesa. Agradeció a Don Ernesto y se dirigió hacia la puerta. Al salir, el aire frío le golpeó el rostro, pero la calidez del café seguía en su interior.

Miguel se subió a su camioneta y miró una última vez hacia el Café del Río. El lugar, con su sencillez y su atmósfera tranquila, le había proporcionado una sensación de paz que no había encontrado en ningún otro lugar. El río seguía fluyendo, y el café seguía siendo el testigo silencioso de las historias que se contaban en su pequeño rincón del mundo.

Mientras conducía de regreso por la carretera solitaria, Miguel sintió que, aunque no había encontrado respuestas definitivas, había encontrado algo igual de valioso. Había encontrado un momento de calma y reflexión, una pausa en la búsqueda que le permitió apreciar la simplicidad de la vida.

El Café del Río se desvaneció en la distancia, pero la última taza de café que Miguel había tomado permaneció en su mente como un símbolo de la paz y la conexión que había experimentado. Sabía que el viaje continuaría, pero también entendía que a veces, las respuestas no se encuentran en el destino, sino en el viaje mismo y en las pausas que tomamos para apreciar lo que tenemos.

The Last Cup Of Coffee at the Riverside Café

The Riverside Café was a small, secluded place, situated on the outskirts of a town that no longer appeared on maps. People often said that the coffee had a unique flavor, as if each cup carried a story from the river that passed nearby, its waters flowing slowly and peacefully. The café's walls were adorned with sepia-toned photos of bygone days and worn maps of the region. The ambiance was rustic, with creaky wooden tables and striped fabric chairs that had seen better days.

The owner, Don Ernesto, was an elderly man with graying hair and a beard that seemed more a symbol of wisdom than mere physical appearance. Each morning, before the sun had fully risen, Don Ernesto prepared the coffee with a meticulous ritual. He used beans that he himself roasted and ground, and his method of preparation was careful, almost ceremonial. It wasn't just coffee; it was a tradition.

One winter morning, when the cold seeped through the gaps in the windows and the steam from the coffee mixed with the vapor from the river, a middle-aged man walked into the Riverside Café. His name was Miguel, and he had arrived in an old truck that had seen better days. Miguel was a man of few words, with an air of melancholy that seemed to follow him with each step. He had come to the town in search of something, though he wasn't quite sure what.

Miguel sat at a table by the window, where he could see the river and the few scattered houses in the distance. Don Ernesto watched him from behind the counter with curiosity but said nothing. He knew that visitors to the Riverside Café often brought their own stories, and each cup of coffee was an accompaniment to the confessions shared in that small corner of the world.

Don Ernesto brewed a cup of coffee and served it with the same precision as always. He approached Miguel's table and set down the cup without a word. Miguel looked at the cup, still steaming, and took a sip. The taste was robust and earthy, with a depth that could only be achieved with years of practice.

"This coffee," Miguel said after a moment, "has something special about it."

Don Ernesto nodded slowly, as if he had been expecting this observation. "This coffee has been part of many lives," he said. "And each cup tells a story."

Miguel nodded but wasn't sure what to say. He looked out the window at the river, which moved slowly, reflecting the gray sky. The day was gloomy, and the cold had settled in the air. Miguel had come to the town hoping to find answers, but until that moment, everything seemed as unchanging as the river.

Seeing that Miguel appeared lost in thought, Don Ernesto decided it might be time to share a story. "Once, there was a man who used to come here," Don Ernesto began. "His name was Carlos. He was a writer, and he would spend hours in this café, writing and drinking coffee."

Miguel looked at him with interest. "And what happened to him?"

Don Ernesto sighed. "Carlos had a complicated life. He had been successful, but he had also suffered greatly. He came here to find peace. He used to say that this coffee helped him organize his thoughts. One day, he simply disappeared. Nobody knew where he went. He only left behind a letter, thanking us for the coffee and saying that he had found peace."

Miguel thought about the story as he drank his coffee. The warmth of the drink gave him a sense of comfort, and the aroma was both familiar and soothing. The coffee at the Riverside Café seemed to have a quality that couldn't be found elsewhere.

"Did you ever find out what happened to Carlos?" Miguel asked.

Don Ernesto shook his head. "No, I never did. The letter said he was looking for something he couldn't find here. Perhaps it was something he needed to find within himself."

Miguel remained silent, lost in thought. The coffee seemed like a symbol of something deeper, something he was also searching for. He had arrived in the town seeking answers, and now, sitting in the Riverside Café with a cup of coffee in hand, he felt as though he might be in the right place, though he wasn't sure why.

The day passed slowly, and the sun began to set behind the clouds. The Riverside Café, with its old walls and the soft murmur of the river, felt like a refuge amidst the confusion of the outside world. Miguel continued to sip his coffee, feeling the warmth of the drink spreading through his body, bringing a sense of peace.

Don Ernesto, seeing that Miguel seemed more relaxed, decided it was time to make one last delivery. He approached the table and handed Miguel a small package wrapped in kraft paper. "This is a gift," he said with a smile. "It's some of the latest harvest coffee. Maybe it will help you on your journey."

Miguel looked at the package in surprise. "Thank you," he said. "I don't know what I'm searching for, but I appreciate the gesture."

Don Ernesto nodded and returned to his counter. Miguel took the package and placed it in his backpack. He knew that the coffee was more than a drink; it was a connection to something deeper, a symbol of the personal quest we all face.

As the sun disappeared and the light in the café began to dim, Miguel stood up from the table. He thanked Don Ernesto and headed for the door. As he stepped outside, the cold air hit his face, but the warmth of the coffee remained inside him.

Miguel climbed into his truck and took one last look at the Riverside Café. The place, with its simplicity and tranquil atmosphere, had given him a sense of peace that he hadn't found elsewhere. The river continued to flow, and the coffee remained the silent witness to the stories told in its small corner of the world.

As he drove back down the lonely road, Miguel felt that although he hadn't found definitive answers, he had found something equally valuable. He had found a moment of calm and reflection, a pause in the search that allowed him to appreciate the simplicity of life.

The Riverside Café faded into the distance, but the last cup of coffee Miguel had enjoyed remained in his mind as a symbol of the peace and connection he had experienced. He knew that the journey would continue, but he also understood that sometimes, the answers are not found in the destination but in the journey itself and in the pauses we take to appreciate what we have.

El Otoño de la Última Cosecha

El otoño en el campo es un tiempo de despedidas. Las hojas caídas cubren el suelo en una alfombra crujiente, y el aire se llena de un aroma a tierra húmeda y madera quemada. En un pequeño pueblo al norte, donde el tiempo parecía detenerse con la llegada de cada estación, el otoño traía consigo una quietud que no se encontraba en ningún otro momento del año.

En las afueras del pueblo, en una granja aislada, vivía Rafael, un hombre de edad avanzada que había pasado toda su vida trabajando la tierra. Rafael era un hombre robusto, con las manos ásperas por el trabajo y una mirada que reflejaba la sabiduría de muchos inviernos y veranos. La granja de Rafael había sido su hogar durante décadas, y con cada otoño, se preparaba para la última cosecha antes de que el invierno llegara a cubrir el campo con su manto blanco.

Este año, el otoño había llegado con una intensidad que Rafael no había experimentado en mucho tiempo. Las primeras heladas habían llegado temprano, y las hojas de los árboles se habían vuelto rojas y doradas en un espectáculo de colores que parecía presagiar algo. Rafael sentía que este otoño sería diferente, pero no podía precisar cómo.

Una mañana, cuando el sol apenas comenzaba a asomarse sobre el horizonte, Rafael salió de su casa y se dirigió al campo con su azada. La tierra estaba fría y firme bajo sus pies, y el cielo estaba cubierto de nubes grisáceas que presagiaban más frío. Rafael había pasado la mayor parte de su vida en ese campo, y conocía cada rincón, cada surco, como si fueran parte de su propio cuerpo.

El trabajo en el campo en otoño era duro, pero Rafael lo enfrentaba con la determinación de alguien que había aceptado su destino. Recogía las últimas hortalizas y preparaba la tierra para el invierno. Mientras trabajaba, pensaba en las cosechas pasadas y en los inviernos que había enfrentado solo. La soledad en el campo en esta época del año era palpable, y el sonido de la azada cortando la tierra era el único acompañamiento a sus pensamientos.

Ese día, mientras Rafael estaba en medio de su trabajo, escuchó el sonido de un motor a lo lejos. Miró hacia el horizonte y vio una camioneta acercándose. No esperaba visitas, y la llegada de un vehículo en esa época del año era inusual. La camioneta se detuvo cerca de la entrada de la granja, y de ella salió un hombre joven que vestía ropa de trabajo, pero con una apariencia algo desgastada.

El hombre se acercó a Rafael con un aire de tímida determinación. "Hola," dijo el joven. "Soy Andrés. Mi abuelo vivía aquí hace años, y me han contado que usted podría saber algo sobre él."

Rafael se detuvo y lo miró con curiosidad. "¿Tu abuelo? ¿Cómo se llamaba?"

"Carlos," respondió Andrés. "Carlos Sánchez. Dicen que él vivió aquí antes de que mi familia se mudara a la ciudad."

Rafael frunció el ceño mientras pensaba en el nombre. "Carlos... sí, lo recuerdo. Era un hombre que trabajaba duro, pero siempre tenía un aire de tristeza. ¿Qué te trae aquí?"

Andrés suspiró. "Mi abuelo falleció hace algunos años, y antes de morir, me dejó unas cartas y fotografías que mencionan su tiempo aquí. Me dijeron que usted podría saber más sobre él, sobre cómo era esta tierra cuando él vivía aquí."

Rafael asintió lentamente. "Ven, siéntate. Vamos a hablar."

Se dirigieron a la casa de Rafael, que estaba cálida y acogedora, con el fuego crepitando en la chimenea. Andrés se sentó en una silla cerca del fuego mientras Rafael preparaba café. El aroma del café se mezclaba con el olor a madera y tierra, creando un ambiente cómodo en medio del frío otoñal.

Mientras Rafael servía el café, Andrés sacó de su mochila un pequeño álbum de fotos y algunas cartas envejecidas. Rafael las miró con interés. Las fotografías mostraban a un hombre joven trabajando en el campo, y las cartas estaban escritas en un tono melancólico que reflejaba el estado de ánimo que Rafael recordaba.

"Mi abuelo hablaba mucho sobre su tiempo aquí," dijo Andrés. "Decía que el trabajo en la granja era duro, pero que había algo especial en esta tierra. ¿Qué puedes decirme sobre él?"

Rafael tomó un sorbo de su café y comenzó a hablar. "Carlos era un hombre solitario, pero con un corazón grande. Trabajaba duro, y aunque parecía siempre cansado, nunca se quejaba. Tenía una mirada distante, como si estuviera buscando algo que no podía encontrar."

Andrés escuchaba atentamente. "Mis padres me contaron que mi abuelo tuvo que dejar esta tierra por razones que nunca entendieron completamente. ¿Sabes algo sobre eso?"

Rafael miró por la ventana, observando cómo las hojas caídas se movían con el viento. "Sí, recuerdo que Carlos tuvo que irse porque la granja no podía sostenerse más. Hubo una sequía dura, y los cultivos no prosperaron. Él hizo todo lo que pudo para salvar la tierra, pero no fue suficiente."

Andrés asintió, tomando notas en su libreta. "Mi abuelo siempre hablaba de cómo amaba esta tierra, incluso cuando las cosas se pusieron difíciles. Decía que el otoño aquí era especial, y que había algo en el aire que no podía encontrar en ningún otro lugar."

Rafael sonrió tristemente. "El otoño aquí tiene una manera de recordarte el paso del tiempo. Las hojas caídas, el frío en el aire, todo te recuerda que la vida es efímera. Carlos lo entendía bien. A veces, la belleza en la pérdida es lo que te deja con el recuerdo más duradero."

Andrés miró las fotos y cartas, y luego levantó la vista hacia Rafael. "¿Qué fue lo que pasó con mi abuelo después de que se fue de aquí?"

Rafael suspiró. "No estoy seguro. Perdí contacto con él después de que se mudó. Oí rumores de que fue a la ciudad, pero nunca supe más detalles. A veces, la gente se va y nunca regresa, y las historias se pierden en el viento."

Andrés asintió, mirando las cartas con una expresión de tristeza. "Agradezco mucho que hayas compartido esto conmigo. Mi abuelo siempre dijo que este lugar tenía algo especial, y creo que ahora entiendo por qué."

Rafael asintió. "El otoño tiene una forma de hacer que las cosas se vean más claras. Es como si el mundo se despejara y dejara que veas lo que realmente importa."

La conversación continuó mientras el sol se ponía, y el fuego en la chimenea crepitaba suavemente. Andrés y Rafael compartieron historias, no solo sobre el pasado, sino también sobre la vida en el campo y lo que significaba estar en contacto con la tierra.

Finalmente, Andrés se levantó para irse. Rafael lo acompañó hasta la puerta, y mientras se despedían, Andrés le entregó a Rafael una pequeña caja. "Esto es para ti," dijo. "Es una colección de cartas que mi abuelo escribió a lo largo de los años. Creo que mereces tenerlas."

Rafael aceptó la caja con gratitud. "Gracias, Andrés. Estas cartas serán un buen recuerdo de los tiempos pasados."

Andrés subió a su camioneta y se dirigió hacia el pueblo, mientras Rafael se quedó en la puerta, observando cómo el joven se alejaba. El otoño continuaba su curso, y el frío de la noche comenzaba a instalarse en el campo. Rafael volvió a la casa, sintiendo una mezcla de melancolía y paz.

Dentro, las cartas que Andrés había dejado en la caja se convirtieron en un vínculo con el pasado, un recordatorio de las vidas que habían pasado por el campo. Rafael se sentó cerca del fuego, hojeando las cartas y recordando los tiempos en que Carlos había estado allí. El aroma del café aún persistía en el aire, y la calidez del hogar contrastaba con el frío exterior.

Mientras el otoño seguía su curso, Rafael comprendió que el tiempo seguía adelante, y que las estaciones cambiaban, pero la esencia de la vida en el campo permanecía constante. Las historias, las memorias, y el trabajo en la tierra eran parte de un ciclo interminable. El otoño no era solo una estación; era un tiempo para reflexionar sobre el pasado y prepararse para el futuro.

Con cada hoja que caía, con cada sorbo de café, Rafael sentía que estaba en sintonía con la vida y la tierra. El otoño, con su belleza efímera y su aire fresco, le recordaba que había encontrado su lugar en el mundo, y que las historias de aquellos que habían pasado antes que él eran parte de la rica tapestria de su vida.

The Autumn of the Last Harvest

Autumn on the farm is a time of farewells. Fallen leaves cover the ground like a crunchy carpet, and the air is filled with the scent of damp earth and burned wood. In a small town to the north, where time seemed to stand still with each season, autumn brought a stillness that was unmatched at any other time of year.

On the outskirts of the town, on an isolated farm, lived Rafael, an elderly man who had spent his entire life working the land. Rafael was a robust man, with hands rough from labor and a gaze that reflected the wisdom of many winters and summers. Rafael's farm had been his home for decades, and with each autumn, he prepared for the last harvest before winter came to cover the fields with its white mantle.

This year, autumn had arrived with an intensity Rafael hadn't experienced in a long time. The first frosts had come early, and the leaves on the trees had turned red and gold in a display of colors that seemed to foreshadow something. Rafael felt that this autumn would be different, but he couldn't quite pinpoint how.

One morning, as the sun barely began to rise over the horizon, Rafael left his house and headed to the fields with his hoe. The ground was cold and firm under his feet, and the sky was covered with gray clouds that promised more cold. Rafael had spent most of his life on this field, knowing every corner and furrow as if they were part of his own body.

Work in the autumn field was hard, but Rafael faced it with the determination of someone who had accepted his fate. He harvested the last vegetables and prepared the ground for winter. As he worked, he thought about past harvests and winters he had faced alone. The solitude in the field at this time of year was palpable, and the sound of the hoe cutting through the earth was the only accompaniment to his thoughts.

That day, while Rafael was in the middle of his work, he heard the sound of an engine in the distance. He looked towards the horizon and saw a truck approaching. He wasn't expecting visitors, and the arrival of a vehicle at this time of year was unusual. The truck stopped near the farm entrance, and a young man in worn work clothes stepped out.

The young man approached Rafael with a shy determination. "Hello," said the young man. "I'm Andrés. My grandfather lived here years ago, and I was told you might know something about him."

Rafael stopped and looked at him with curiosity. "Your grandfather? What was his name?"

"Carlos," Andrés replied. "Carlos Sánchez. They say he lived here before my family moved to the city."

Rafael furrowed his brow as he thought about the name. "Carlos... yes, I remember him. He was a hard worker but always had an air of sadness. What brings you here?"

Andrés sighed. "My grandfather passed away a few years ago, and before he died, he left me some letters and photographs mentioning his time here. I was told you might know more about him, about how this land was when he lived here."

Rafael nodded slowly. "Come, sit down. Let's talk."

They went to Rafael's house, which was warm and inviting, with a fire crackling in the hearth. Andrés sat in a chair near the fire while Rafael prepared coffee. The aroma of the coffee mixed with the smell of wood and earth, creating a cozy atmosphere amidst the autumn chill.

As Rafael served the coffee, Andrés pulled out a small photo album and some aged letters from his backpack. Rafael looked at them with interest. The photographs showed a young man working in the fields, and the letters were written in a melancholic tone that reflected the mood Rafael remembered.

"My grandfather talked a lot about his time here," Andrés said. "He said the work on the farm was hard, but there was something special about this land. Can you tell me more about him?"

Rafael took a sip of his coffee and began to speak. "Carlos was a solitary man, but with a big heart. He worked hard, and although he always seemed tired, he never complained. He had a distant look, as if he was searching for something he couldn't find."

Andrés listened attentively. "My parents told me that my grandfather had to leave this land for reasons they never fully understood. Do you know anything about that?"

Rafael looked out the window, watching the fallen leaves move with the wind. "Yes, I remember that Carlos had to leave because the farm could no longer support itself. There was a harsh drought, and the crops didn't thrive. He did everything he could to save the land, but it wasn't enough."

Andrés nodded, taking notes in his notebook. "My grandfather always spoke of how he loved this land, even when things got tough. He said the autumn here was special, and there was something in the air that he couldn't find anywhere else."

Rafael smiled sadly. "Autumn here has a way of making things clearer. The fallen leaves, the cold air, everything reminds you that life is fleeting. Carlos understood that well. Sometimes, the beauty in loss is what leaves you with the most lasting memory."

Andrés looked at the photos and letters, then lifted his gaze to Rafael. "What happened to my grandfather after he left here?"

Rafael sighed. "I'm not sure. I lost contact with him after he moved. I heard rumors that he went to the city, but I never knew more details. Sometimes, people leave and never return, and stories are lost to the wind."

Andrés nodded, looking at the letters with a sad expression. "I'm very grateful that you shared this with me. My grandfather always said this place had something special, and I think I understand why now."

Rafael nodded. "Autumn has a way of making you align with life and the land. It's like the world clears away and lets you see what truly matters."

The conversation continued as the sun set, and the fire in the hearth crackled softly. Andrés and Rafael shared stories, not only about the past but also about life on the farm and what it meant to be in touch with the land.

Eventually, Andrés got up to leave. Rafael accompanied him to the door, and as they said their goodbyes, Andrés handed Rafael a small box. "This is for you," he said. "It's a collection of letters my grandfather wrote over the years. I think you deserve to have them."

Rafael accepted the box with gratitude. "Thank you, Andrés. These letters will be a good reminder of times past."

Andrés got into his truck and drove off toward the town, while Rafael stood at the door, watching the young man disappear into the distance. Autumn continued its course, and the night's cold began to settle over the fields. Rafael went back inside, feeling a mix of melancholy and peace.

Inside, the letters Andrés had left in the box became a link to the past, a reminder of the lives that had passed through the fields. Rafael sat by the fire, leafing through the letters and recalling the times when Carlos had been there. The aroma of coffee still lingered in the air, and the warmth of the home contrasted with the cold outside.

As autumn progressed, Rafael understood that time marched on, and seasons changed, but the essence of life on the farm remained constant. The stories, the memories, and the work on the land were part of an endless cycle. Autumn was not just a season; it was a time to reflect on the past and prepare for the future.

With every falling leaf, with every sip of coffee, Rafael felt aligned with life and the land. Autumn, with its fleeting beauty and crisp air, reminded him that he had found his place in the world and that the stories of those who had come before him were part of the rich tapestry of his life.

El Último Baile de Valeria

El teatro estaba en silencio. El escenario, vacío y oscuro, era solo un vestigio de lo que había sido unas horas antes, cuando las luces brillaban y la música llenaba el aire. Valeria, la bailarina principal de la compañía, estaba sentada en el borde del escenario, las piernas estiradas y el cabello recogido en un moño que empezaba a desmoronarse. Su vestido de ballet, una tela de delicada gasa, estaba arrugado y empapado en sudor. La última función había terminado, y el silencio que seguía al aplauso era casi ensordecedor.

Valeria se había dedicado al ballet desde que era una niña. Había pasado su vida entrenando, practicando, perfeccionando cada movimiento hasta que se convirtió en una de las mejores bailarinas de su generación. Pero esa noche, mientras el teatro se vaciaba y las luces se apagaban, sentía que había llegado el momento de dejarlo todo atrás.

Miró alrededor del escenario, donde las sombras de las cortinas y los decorados creaban una atmósfera melancólica. La madera del suelo crujía bajo sus pies, y el eco de sus pasos parecía resonar con una tristeza profunda. Había disfrutado cada momento de su carrera, pero ahora, al final del espectáculo, sentía que había llegado el momento de decir adiós.

Detrás del telón, los otros bailarines estaban en la sala de vestuario, riendo y hablando sobre sus planes para después de la función. Valeria los escuchaba a lo lejos, pero su mente estaba lejos de esas conversaciones triviales. Pensaba en los años que había dedicado al ballet, en los sacrificios que había hecho, y en cómo todo eso ahora le parecía tan distante.

Mientras la última audiencia se disolvía, Valeria se levantó y caminó hacia el vestuario. Se encontró con sus compañeros, que la saludaron con sonrisas y felicitaciones. "¡Gran actuación esta noche, Valeria!" le dijo Laura, una de las bailarinas más jóvenes.

Valeria sonrió débilmente. "Gracias, Laura. Ha sido un buen final."

Laura la miró con curiosidad. "¿Un buen final? ¿Estás pensando en retirarte?"

Valeria asintió. "Sí. Creo que es el momento de dejarlo. Hay cosas que necesito hacer, y no puedo seguir bailando para siempre."

Laura parecía sorprendida. "¿Pero por qué? Si aún tienes tanto por dar."

Valeria se encogió de hombros. "A veces, es mejor saber cuándo es el momento de irse. He bailado toda mi vida. Ahora quiero ver qué hay más allá del escenario."

El vestuario estaba lleno de las voces de los bailarines que se cambiaban y se preparaban para salir. Valeria se desvistió lentamente, sintiendo el peso de los años y las decisiones que había tomado. La ropa de ballet fue reemplazada por un sencillo vestido negro, y el maquillaje se limpió de su rostro. Mientras se miraba en el espejo, se dio cuenta de cuánto había cambiado a lo largo de los años.

Salió del teatro y se dirigió a la calle. La noche era fría, y el aire estaba impregnado del aroma de la ciudad. Valeria caminó sin rumbo fijo, sin saber exactamente adónde ir. El teatro era un lugar que había sido su hogar durante tanto tiempo, y ahora, al dejarlo atrás, se sentía como si estuviera perdiendo una parte de sí misma.

Se dirigió a un pequeño café cercano que solía visitar después de las funciones. Entró y se sentó en una mesa junto a la ventana. El café estaba casi vacío, y el ambiente era tranquilo, en contraste con el bullicio del teatro. Valeria pidió un café y se sentó a esperar.

Mientras esperaba, miró a través de la ventana, observando cómo la gente pasaba por la calle. Las luces de la ciudad brillaban en la distancia, y el mundo exterior parecía tan diferente del mundo del ballet al que había estado acostumbrada. Se preguntaba qué le depararía el futuro, y si había tomado la decisión correcta.

El camarero trajo su café, y Valeria lo tomó con las dos manos, sintiendo el calor del tazón en sus palmas. El café estaba amargo, pero reconfortante. Tomó un sorbo, sintiendo que el líquido caliente le daba un poco de consuelo en medio de su incertidumbre.

De repente, la puerta del café se abrió, y un hombre entró. Llevaba un abrigo largo y una bufanda, y su aspecto era serio. Se sentó en la mesa opuesta a la de Valeria, y ella notó que tenía un aire de familiaridad, aunque no podía recordar de dónde.

El hombre miró alrededor del café y luego sus ojos se encontraron con los de Valeria. Ella le devolvió la mirada con curiosidad. El hombre se levantó y se acercó a su mesa.

"¿Valeria?" preguntó él. "¿Eres tú?"

Valeria asintió, algo sorprendida. "Sí, soy yo. ¿Te conozco?"

El hombre sonrió. "Soy Daniel, un antiguo compañero de la compañía. Te he estado siguiendo desde hace tiempo."

Valeria lo miró con interés. "¿Desde hace tiempo? No esperaba verte aquí."

Daniel se sentó frente a ella. "Cuando me enteré de que te ibas a retirar, supe que tenía que hablar contigo. Quería agradecerte por todo lo que hiciste por la compañía. Sin ti, no habría sido lo mismo."

Valeria se sonrojó. "Gracias, Daniel. No sé si merezco ese reconocimiento, pero lo aprecio."

Daniel tomó un sorbo de su café y la miró con una expresión de nostalgia. "Recuerdo nuestra última actuación juntos. Era una noche mágica, y tu interpretación fue increíble. Había algo en la forma en que bailabas que era diferente, algo que no podía describir."

Valeria sonrió débilmente. "Es curioso cómo las cosas cambian. En el escenario, todo parecía perfecto, pero fuera de él, a veces me sentía perdida."

Daniel la miró con comprensión. "Lo entiendo. A veces, cuando estás tan inmersa en algo, pierdes de vista lo que hay fuera de ese mundo. Pero lo que hiciste fue increíble, y tu legado quedará para siempre en la compañía."

Valeria miró a través de la ventana, viendo las luces de la ciudad reflejadas en el cristal. "No sé qué me depara el futuro, pero creo que es hora de buscar algo nuevo. Tal vez descubriré quién soy fuera del escenario."

Daniel asintió. "Es una búsqueda valiente. Todos necesitamos encontrar nuestro propio camino, y a veces, eso significa dejar atrás lo que conocemos."

Valeria tomó otro sorbo de su café, sintiendo que la conversación le daba una sensación de cierre. El café estaba ahora frío, pero ella sentía una calidez en su corazón. Había tomado una decisión difícil, pero el apoyo de alguien que había compartido su vida en el escenario la hacía sentir que estaba en el camino correcto.

Se despidió de Daniel con un abrazo cálido, y él le deseó lo mejor en su nuevo camino. Valeria salió del café y se dirigió hacia la calle, sintiendo una mezcla de emoción y tristeza. La ciudad estaba llena de posibilidades, y aunque no sabía qué le esperaba, sentía que estaba lista para enfrentar el futuro.

Caminó bajo las luces de la ciudad, sintiendo la brisa fresca en su rostro. Cada paso que daba la llevaba más allá del teatro, más allá de la vida que había conocido. Era un viaje hacia lo desconocido, pero también hacia un nuevo comienzo.

El último baile de Valeria había sido una despedida, pero también un nuevo comienzo. Mientras caminaba hacia el horizonte, se dio cuenta de que el ballet había sido solo una parte de su vida, y que había mucho más por descubrir. El futuro era incierto, pero estaba llena de posibilidades.

Valeria's Last Dance

The theater was silent. The stage, empty and dark, was just a remnant of what had been a few hours earlier, when the lights shone and the music filled the air. Valeria, the lead ballerina of the company, sat on the edge of the stage, her legs stretched out and her hair gathered in a bun that was beginning to unravel. Her ballet dress, a delicate tulle fabric, was crumpled and soaked with sweat. The last performance was over, and the silence that followed the applause was almost deafening.

Valeria had dedicated her life to ballet since she was a child. She had spent her life training, practicing, perfecting every movement until she became one of the best dancers of her generation. But tonight, as the theater emptied and the lights went out, she felt it was time to leave it all behind.

She looked around the stage, where the shadows of the curtains and the set pieces created a melancholic atmosphere. The wooden floor creaked beneath her feet, and the echo of her footsteps seemed to resonate with deep sadness. She had enjoyed every moment of her career, but now, at the end of the show, she felt it was time to say goodbye.

Behind the curtain, the other dancers were in the dressing room, laughing and talking about their plans for after the performance. Valeria could hear them from afar, but her mind was far from those trivial conversations. She thought about the years she had devoted to ballet, the sacrifices she had made, and how all of that now seemed so distant.

As the last audience dispersed, Valeria got up and walked towards the dressing room. She met her colleagues, who greeted her with smiles and congratulations. "Great performance tonight, Valeria!" said Laura, one of the younger dancers.

Valeria smiled faintly. "Thank you, Laura. It has been a good ending."

Laura looked at her with curiosity. "A good ending? Are you thinking of retiring?"

Valeria nodded. "Yes. I think it's time to let go. There are things I need to do, and I can't dance forever."

Laura seemed surprised. "But why? You still have so much to give."

Valeria shrugged. "Sometimes it's better to know when it's time to leave. I've danced all my life. Now I want to see what's beyond the stage."

The dressing room was filled with the voices of the dancers changing and preparing to leave. Valeria undressed slowly, feeling the weight of the years and the decisions she had made. Her ballet clothes were replaced by a simple black dress, and the makeup was wiped off her face. As she looked at herself in the mirror, she realized how much she had changed over the years.

She left the theater and headed to a nearby café she used to visit after performances. She entered and sat at a table by the window. The café was almost empty, and the atmosphere was quiet, in contrast to the bustle of the theater. Valeria ordered a coffee and sat waiting.

As she waited, she looked out the window, watching the people pass by on the street. The city lights shone in the distance, and the outside world seemed so different from the ballet world she had been used to. She wondered what the future held for her and if she had made the right decision.

The waiter brought her coffee, and Valeria took it in both hands, feeling the warmth of the cup in her palms. The coffee was bitter but comforting. She took a sip, feeling the hot liquid give her some solace amidst her uncertainty.

Suddenly, the door of the café opened, and a man walked in. He wore a long coat and a scarf, and his demeanor was serious. He sat at the table opposite Valeria, and she noticed he had an air of familiarity, though she couldn't recall from where.

The man looked around the café and then his eyes met Valeria's. She returned his gaze with curiosity. The man got up and approached her table.

"Valeria?" he asked. "Is that you?"

Valeria nodded, somewhat surprised. "Yes, it's me. Do I know you?"

The man smiled. "I'm Daniel, a former colleague from the company. I've been following you for a while."

Valeria looked at him with interest. "For a while? I didn't expect to see you here."

Daniel sat down across from her. "When I heard you were retiring, I knew I had to talk to you. I wanted to thank you for everything you did for the company. Without you, it wouldn't have been the same."

Valeria blushed. "Thank you, Daniel. I don't know if I deserve that recognition, but I appreciate it."

Daniel took a sip of his coffee and looked at her with a nostalgic expression. "I remember our last performance together. It was a magical night, and your performance was incredible. There was something in the way you danced that was different, something I couldn't describe."

Valeria smiled faintly. "It's funny how things change. On stage, everything seemed perfect, but off it, sometimes I felt lost."

Daniel looked at her with understanding. "I understand. Sometimes, when you're so immersed in something, you lose sight of what's outside that world. But what you did was incredible, and your legacy will always remain with the company."

Valeria looked out the window, seeing the city lights reflected in the glass. "I don't know what the future holds for me, but I think it's time to seek something new. Maybe I'll discover who I am beyond the stage."

Daniel nodded. "It's a brave quest. We all need to find our own path, and sometimes that means leaving behind what we know."

Valeria took another sip of her coffee, feeling that the conversation gave her a sense of closure. The coffee was now cold, but she felt warmth in her heart. She had made a difficult decision, but the support of someone who had shared her life on stage made her feel she was on the right path.

She said goodbye to Daniel with a warm hug, and he wished her the best in her new journey. Valeria left the café and walked down the street, feeling a mix of excitement and sadness. The city was full of possibilities, and although she didn't know what awaited her, she felt ready to face the future.

She walked under the city lights, feeling the cool breeze on her face. Each step took her further from the theater, further from the life she had known. It was a journey into the unknown but also towards a new beginning.

Valeria's last dance had been a farewell, but also a new beginning. As she walked towards the horizon, she realized that ballet had only been a part of her life, and there was so much more to discover. The future was uncertain, but it was full of possibilities.

El Peso del Silencio

———

Pedro tenía un secreto. No era un secreto cualquiera, ni algo trivial que pudiera ser compartido a la ligera en una conversación cotidiana. Era un secreto que había guardado durante años, enterrado profundamente en su alma, un peso que lo acompañaba en cada paso que daba. El secreto lo había moldeado, transformado, y a veces, lo consumía desde adentro.

Vivía en un pequeño pueblo costero, un lugar tranquilo donde las olas rompían suavemente contra la orilla y las gaviotas se cernían en el cielo con sus gritos agudos. La vida en el pueblo era sencilla y predecible; las mismas caras, los mismos saludos, las mismas rutinas. Pero debajo de esa calma superficial, Pedro llevaba consigo el peso de su secreto.

Era un hombre reservado, de pocas palabras. Sus vecinos lo conocían como alguien amable pero distante, alguien que prefería la compañía del mar a la de las personas. Pasaba sus días trabajando en su pequeño taller de carpintería, fabricando muebles y reparando barcos para los pescadores locales. Las manos de Pedro eran fuertes y hábiles, su rostro curtido por el sol y el viento, pero sus ojos revelaban una tristeza insondable.

El secreto había comenzado mucho tiempo atrás, en una época en la que Pedro aún era joven y soñador. En ese entonces, estaba enamorado de una mujer llamada Isabel. Ella era hermosa, con cabellos oscuros como la noche y ojos que brillaban con la intensidad de mil estrellas. Pedro la amaba con una pasión que nunca había sentido antes, una pasión que lo cegaba y lo hacía vulnerable.

Isabel, sin embargo, estaba casada con otro hombre, un marinero llamado Rafael. Rafael era un hombre rudo, conocido por su carácter fuerte y su temperamento explosivo. Nadie en el pueblo se atrevía a cruzarse en su camino, y menos aún a mirar a su esposa con intención. Pero Pedro no podía evitar lo que sentía por Isabel. Cada encuentro casual en la plaza, cada mirada robada, solo avivaba el fuego que ardía dentro de él.

Una noche, cuando el pueblo dormía y el mar estaba en calma, Pedro e Isabel se encontraron en secreto. Bajo la luz tenue de la luna, sus manos se encontraron, y en ese momento, el mundo exterior dejó de existir. No había nada más que ellos dos, perdidos en un amor prohibido que sabían que no podía durar. Pero la necesidad de estar juntos era más fuerte que cualquier razón, y en esa noche, cruzaron una línea de la que nunca podrían regresar.

El amor que compartieron en esa noche fue tan intenso como fugaz. Sabían que su unión estaba condenada, que no podían seguir viéndose sin arriesgarlo todo. Pero el deseo, la pasión, y la conexión que sentían el uno por el otro eran irresistibles. Continuaron viéndose en secreto, en rincones oscuros del pueblo, en los bosques que rodeaban la costa, siempre con el miedo de ser descubiertos.

Pedro sabía que lo que estaban haciendo estaba mal, pero no podía detenerse. Cada encuentro con Isabel era un nuevo latido en su corazón, una razón para seguir adelante, a pesar del peligro. Pero también sabía que estaban caminando por un camino peligroso, y que en algún momento, todo podría desmoronarse.

Una noche, cuando Pedro esperaba a Isabel en su lugar de encuentro habitual, ella nunca llegó. Pasó horas allí, bajo el cielo estrellado, escuchando el murmullo del mar, esperando un rastro de su presencia. Pero Isabel no apareció. Confundido y preocupado, Pedro regresó al pueblo, solo para descubrir que Rafael había regresado antes de lo esperado de su viaje de pesca. El terror se apoderó de él cuando se dio cuenta de lo que eso significaba. Habían sido descubiertos.

Rafael, con la furia de un hombre traicionado, había confrontado a Isabel. Nadie sabía exactamente lo que había sucedido en esa casa, pero al amanecer, el cuerpo de Rafael fue encontrado flotando en el puerto, su vida arrebatada por las aguas frías del mar. Isabel, por su parte, había desaparecido. Algunos decían que había huido, otros que había sido tomada por la locura y se había arrojado al mar. Pero la verdad, la verdadera historia de lo que había sucedido esa noche, solo la sabía Pedro.

Él había llegado a la casa de Isabel justo cuando Rafael la confrontaba. Las palabras volaron como dagas entre ellos, y en un momento de desesperación, Pedro intervino para proteger a Isabel. La lucha que siguió fue brutal y rápida, y antes de que Pedro pudiera comprender lo que había hecho, Rafael yacía en el suelo, inmóvil.

En ese instante, Pedro supo que su vida había cambiado para siempre. Ayudó a Isabel a escapar, a ocultarse en un lugar seguro, lejos de la ira del pueblo y de las sospechas que inevitablemente recaerían sobre ellos. Pero él se quedó, decidido a cargar con la culpa de lo sucedido, decidido a proteger el secreto de lo que realmente había pasado.

Los años pasaron, y el pueblo siguió adelante, como si nada hubiera ocurrido. La muerte de Rafael se convirtió en una leyenda, una historia que los pescadores contaban a sus hijos para advertirles sobre el peligro del mar. Isabel fue olvidada por la mayoría, recordada solo por algunos como un susurro en el viento, una sombra en la memoria colectiva del pueblo.

Pero Pedro no podía olvidar. Cada día, cada noche, el recuerdo de esa fatídica noche lo perseguía. El secreto que guardaba lo aislaba de los demás, lo mantenía a una distancia segura, incluso de aquellos que intentaban acercarse a él. Sabía que nunca podría confesar lo que había hecho, porque hacerlo significaría destruir no solo su vida, sino también la de Isabel, si es que aún vivía en algún lugar lejano.

Vivió con el peso de ese secreto durante años, hasta que se convirtió en parte de él, una sombra que lo seguía a donde fuera. A veces, en los momentos de mayor soledad, se preguntaba si había hecho lo correcto al guardar silencio, si había sido un cobarde por no enfrentar las consecuencias de sus actos. Pero cada vez que esos pensamientos surgían, los apartaba de su mente, porque sabía que no podía cambiar el pasado.

Un día, muchos años después, Pedro recibió una carta. La carta venía de un lugar lejano, una ciudad al otro lado del país. La letra era delicada, casi tímida, como si quien la escribiera dudara de si debía hacerlo. Al abrirla, el corazón de Pedro se detuvo por un momento. Era de Isabel.

En la carta, Isabel le contaba que había vivido todos esos años con la misma culpa, con el mismo dolor que él. Había encontrado un nuevo hogar, una nueva vida, pero nunca había podido olvidar lo que habían hecho, ni el amor que los había llevado a ese destino trágico. Le agradecía por haberla salvado, por haber cargado con el peso de su culpa, pero también le pedía que la dejara ir, que liberara su espíritu de las cadenas del pasado.

Pedro leyó la carta una y otra vez, con lágrimas silenciosas rodando por su rostro. Había pasado tanto tiempo desde que había oído hablar de Isabel, que casi había olvidado el sonido de su voz, la calidez de su presencia. Pero ahora, leyendo esas palabras, se daba cuenta de que nunca la había olvidado realmente, que su amor por ella seguía siendo tan profundo como el primer día.

Esa noche, Pedro caminó hasta el acantilado que se alzaba sobre el pueblo, donde el mar rugía con fuerza contra las rocas. Se sentó allí, bajo el cielo estrellado, con la carta de Isabel en sus manos. Las olas rompían a sus pies, y el viento le traía el olor salado del mar, mezclado con los recuerdos de una vida pasada.

Durante horas, se quedó allí, pensando en su vida, en sus decisiones, en el secreto que había guardado durante tantos años. Y finalmente, en la quietud de la noche, Pedro hizo lo que nunca había hecho antes: habló en voz alta. Confesó su secreto al mar, a las estrellas, a la noche que lo envolvía. Contó la historia de su amor por Isabel, de la noche en que Rafael murió, de la culpa que lo había perseguido desde entonces.

El viento se llevó sus palabras, y el mar las recibió con su eterno vaivén. Y en ese momento, por primera vez en muchos años, Pedro sintió que el peso en su corazón comenzaba a aliviarse, que el secreto que había guardado tanto tiempo finalmente podía ser liberado.

Al amanecer, cuando el sol comenzó a asomarse en el horizonte, Pedro dejó la carta de Isabel en una pequeña caja de madera que había tallado con sus propias manos. La cerró con cuidado y la lanzó al mar, viendo cómo las olas la arrastraban hacia lo desconocido.

Se levantó del acantilado, sintiendo una nueva ligereza en su alma. El secreto había sido contado, y aunque nadie más lo sabría jamás, él ya no lo llevaba solo. El mar, las estrellas, la noche, todos compartían ahora el peso de su confesión. Y con eso, Pedro supo que podía continuar, que la vida aún tenía algo más que ofrecerle.

Caminó de regreso al pueblo, con el sol calentando su rostro y el sonido de las olas resonando en sus oídos. Por primera vez en muchos años, sonrió, una sonrisa genuina, llena de paz. Sabía que nunca olvidaría a Isabel, ni lo que había sucedido, pero también sabía que ya no estaba solo en su secreto. Había encontrado una forma de liberarse, de seguir adelante.

El secreto que había guardado tanto tiempo había sido revelado, no a las personas, sino al mundo que lo rodeaba. Y en esa revelación, Pedro encontró la paz que tanto había buscado.

The Weight of Silence

Pedro had a secret. It wasn't just any secret, nor something trivial that could be shared casually in an everyday conversation. It was a secret he had kept for years, buried deep in his soul, a burden that accompanied him with every step he took. The secret had shaped him, transformed him, and sometimes, it consumed him from within.

He lived in a small coastal town, a quiet place where the waves gently broke against the shore and seagulls hovered in the sky with their sharp cries. Life in the town was simple and predictable; the same faces, the same greetings, the same routines. But beneath that superficial calm, Pedro carried the weight of his secret.

He was a reserved man, a man of few words. His neighbors knew him as someone kind but distant, someone who preferred the company of the sea to that of people. He spent his days working in his small carpentry shop, making furniture and repairing boats for the local fishermen. Pedro's hands were strong and skillful, his face weathered by the sun and wind, but his eyes revealed an unfathomable sadness.

The secret had begun long ago when Pedro was still young and full of dreams. Back then, he was in love with a woman named Isabel. She was beautiful, with dark hair like the night and eyes that shone with the intensity of a thousand stars. Pedro loved her with a passion he had never felt before, a passion that blinded him and made him vulnerable.

However, Isabel was married to another man, a sailor named Rafael. Rafael was a rough man, known for his strong character and explosive temper. No one in the town dared to cross his path, and even less to look at his wife with intent. But Pedro couldn't help what he felt for Isabel.

Every chance encounter in the square, every stolen glance, only fueled the fire that burned within him.

One night, when the town was asleep and the sea was calm, Pedro and Isabel met in secret. Under the dim light of the moon, their hands found each other, and at that moment, the outside world ceased to exist. There was nothing but the two of them, lost in a forbidden love they knew couldn't last. But the need to be together was stronger than any reason, and that night, they crossed a line from which they could never return.

The love they shared that night was as intense as it was fleeting. They knew their union was doomed, that they couldn't keep seeing each other without risking everything. But the desire, the passion, and the connection they felt for each other were irresistible. They continued to meet in secret, in dark corners of the town, in the woods that surrounded the coast, always with the fear of being discovered.

Pedro knew that what they were doing was wrong, but he couldn't stop. Every encounter with Isabel was a new heartbeat in his chest, a reason to keep going despite the danger. But he also knew they were walking a dangerous path, and that at some point, everything could fall apart.

One night, when Pedro was waiting for Isabel at their usual meeting place, she never arrived. He spent hours there, under the starry sky, listening to the murmur of the sea, waiting for a trace of her presence. But Isabel didn't appear. Confused and worried, Pedro returned to the town, only to discover that Rafael had returned earlier than expected from his fishing trip. Terror gripped him as he realized what that meant. They had been discovered.

Rafael, with the fury of a betrayed man, had confronted Isabel. No one knew exactly what had happened in that house, but by dawn, Rafael's body was found floating in the harbor, his life taken by the cold waters of the sea. Isabel, for her part, had disappeared. Some said she had fled, others that she had been driven mad and had thrown herself into the sea. But the truth, the real story of what had happened that night, only Pedro knew.

He had arrived at Isabel's house just as Rafael was confronting her. Words flew like daggers between them, and in a moment of desperation, Pedro intervened to protect Isabel. The struggle that followed was brutal and swift, and before Pedro could comprehend what he had done, Rafael lay on the ground, motionless.

In that instant, Pedro knew his life had changed forever. He helped Isabel escape, to hide in a safe place, far from the town's anger and the suspicions that would inevitably fall upon them. But he stayed, determined to bear the guilt of what had happened, determined to protect the secret of what had truly transpired.

Years passed, and the town moved on as if nothing had happened. Rafael's death became a legend, a story fishermen told their children to warn them about the dangers of the sea. Isabel was forgotten by most, remembered only by a few as a whisper in the wind, a shadow in the collective memory of the town.

But Pedro couldn't forget. Every day, every night, the memory of that fateful night haunted him. The secret he carried isolated him from others, kept him at a safe distance, even from those who tried to get close to him. He knew he could never confess what he had done because doing so would mean destroying not only his life but also Isabel's if she was still living somewhere far away.

He lived with the weight of that secret for years until it became part of him, a shadow that followed him wherever he went. Sometimes, in moments of deep loneliness, he wondered if he had done the right thing by keeping silent, if he had been a coward for not facing the consequences of his actions. But whenever those thoughts arose, he pushed them aside, knowing he couldn't change the past.

One day, many years later, Pedro received a letter. The letter came from a distant place, a city on the other side of the country. The handwriting was delicate, almost timid, as if the writer doubted whether they should be writing at all. When he opened it, Pedro's heart stopped for a moment. It was from Isabel.

In the letter, Isabel told him that she had lived all those years with the same guilt, with the same pain as he had. She had found a new home, a new life, but she had never been able to forget what they had done, nor the love that had led them to that tragic destiny. She thanked him for saving her, for bearing the weight of their guilt, but she also asked him to let her go, to free her spirit from the chains of the past.

Pedro read the letter over and over, with silent tears rolling down his face. It had been so long since he had heard from Isabel that he had almost forgotten the sound of her voice, the warmth of her presence. But now, reading those words, he realized he had never truly forgotten her, that his love for her was as deep as it had been on the first day.

That night, Pedro walked to the cliff overlooking the town, where the sea roared fiercely against the rocks. He sat there under the starry sky with Isabel's letter in his hands. The waves crashed at his feet, and the wind carried the salty smell of the sea, mingled with memories of a past life.

For hours, he stayed there, thinking about his life, his decisions, the secret he had kept for so many years. And finally, in the stillness of the night, Pedro did what he had never done before: he spoke out loud. He confessed his secret to the sea, to the stars, to the night that enveloped him. He told the story of his love for Isabel, of the night Rafael died, of the guilt that had haunted him ever since.

The wind carried his words away, and the sea received them with its eternal ebb and flow. And in that moment, for the first time in many years, Pedro felt the weight in his heart begin to lift, that the secret he had kept for so long could finally be released.

At dawn, when the sun began to rise on the horizon, Pedro placed Isabel's letter in a small wooden box he had carved with his own hands. He carefully closed it and cast it into the sea, watching as the waves carried it into the unknown.

He rose from the cliff, feeling a new lightness in his soul. The secret had been told, and although no one else would ever know, he no longer carried it alone. The sea, the stars, the night, all now shared the weight of his confession. And with that, Pedro knew he could continue, that life still had something more to offer him.

He walked back to the town with the sun warming his face and the sound of the waves resonating in his ears. For the first time in many years, he smiled, a genuine smile, full of peace. He knew he would never forget Isabel or what had happened, but he also knew he was no longer alone in his secret. He had found a way to free himself, to move on.

The secret he had kept for so long had been revealed, not to people, but to the world around him. And in that revelation, Pedro found the peace he had sought for so long.